# Goldo II

## Empereur du tout et du reste

**TERENCE TARPIN**

Sociétaire de la SACD

Copyright © 2023 Terence Tarpin

All rights reserved.

ISBN : 9798374716986

**AUTORISATIONS: SACD Paris**

# AVERTISSEMENT

Ce texte est protégé par les droits d'auteur. En conséquence, avant son exploitation, vous devez obtenir l'autorisation auprès de l'organisme qui gère les droits de l'auteur :

**SACD**
**11 rue Ballu, Paris**

# PERSONNAGES

**Goldo II**, l'empereur
**Magda**, l'impératrice
**Gaylord**, huissier de justice
**Gurdull**, tout le reste

*Rien qu'une chaise sur le plateau.*
*Entre Gurdull. Il place la chaise au centre du plateau et s'immobilise.*

Gurdull
Sa Majousté, le Roi Goldo II, Empereur de tout et du reste !

*Gurdull après avoir tenu le rôle du héraut, joue le rôle du courtisan.*
*Entre Goldo II, majestueux. Il s'installe sur la chaise.*

Goldo II
Mon trône trône moins qu'hier, ce me semble.

Gurdull
En effet, Majousté, des pilleurs ont encore sévi. Ils ont volé une dalle. Le marbre s'échange à prix d'or au marché noir.

Goldo II
Je ne vois plus la cime du cèdre, c'est très embêtant. Il faudra, solidement, sceller la dalle qui reste. Un roi se doit de surplomber. Avez-vous arrêté les pilleurs ?

Gurdull
Non, Majousté, pas encore.

Goldo II
Je veux les voir lapider avant la tombée de la nuit.

Gurdull
Bien, Majousté, ils le seront.

Goldo II
Où est ma reine ?

Gurdull
Sa Majousté doit certainement profiter du soleil sur sa terrasse.

Goldo II
Faites-la quérir, je veux m'entretenir avec elle.

Gurdull
Bien, Majousté

*Il va pour sortir.*

Goldo II
Gurdull !

Gurdull
Majousté.

Goldo II
Demande au cuisinier de me faire servir quelques cailles fourrées de figues accompagnées de farfalle alla cardonetta.

Gurdull
Bien, Majousté.

Goldo II
Et annule tous mes rendez-vous. Ce matin, je veux chevaucher à travers mes terres, mes étangs et mes souvenirs.

Gurdull
Bien Majousté. Dois-je vous rappeler, Majousté, que si c'est à cheval que vous souhaitez chevaucher, ce sera difficile voire impossible.

Goldo II
Pourquoi donc ?

Gurdull
J'ai été, au petit matin, obligé de mettre fin aux souffrances de Belle d'Iloise, votre ultime monture en état de marche.

Goldo II
Qu'entends-tu par mettre fin aux souffrances de Belle d'Iloise ?

Gurdull
Depuis plusieurs jours, la pauvre se tordait de douleurs, certainement un problème digestif. J'ai dû l'achever.

Goldo II
Mais il fallait faire mander le vétorinaire.

Gurdull
J'ai essayé mais il n'était pas disponible.

Goldo II
Le vétorinaire n'était pas disponible pour la jument du Roi ?

Gurdull
Disons que…

Goldo II
Garde !

*Gurdull prend l'allure d'un garde.*

Goldo II
Rendez-vous immédiatement au domicile de notre vétorinaire et, sur ordonnance de Goldo II, roi et empereur de tout et du reste, je vous demande de le mettre aux arrêts. D'ailleurs, non ! Couvrez-le d'une robe alezane, ferez-le, sellez-le et sur son dos, je chevaucherai, chaque jour, jusqu'à ce qu'il s'écroule d'épuisement.

Gurdull
A vos ordres, Majousté.

Goldo II
Gurdull ! Je te demande d'organiser des funérailles pour Belle d'Iloise. Je décrète un jour de deuil national. A midi, tout mon peuple devra hennir comme un seul homme. Je veux que ce hennissement impérial traverse toutes les contrées et s'élève comme Pentocle vers la cime des Touktouks d'Elisie. Je veux que la dépouille du divin destrier

soit exposée couvert des plus beaux attributs aux portes de mon palais et que chacun vienne déposer sur sa robe des rubans ou des bonbons…à la rigueur, des épinards en branche ou du lard fumé.

Gurdull
Le décret sera publié dans les plus brefs délais, Majousté.

Goldo II
Il doit être publié, immédiatement.

Gurdull
Très bien, Majousté, je le publie donc immédiatement. C'est fait.

Goldo II
De plus, quand tu auras 5 minutes, Gurdull, tu jetteras ma couturière du haut des remparts. Elle n'a pas pris la peine de raccommoder mon costume d'apparat. Pour quoi vais-je passer s'il prenait l'idée à un prince altier de passer

prendre un pot ? Devrais-je le recevoir dans cette tenue brodée par les mites ? Tu pousseras aussi ses cinq enfants et sa cousine par alliance. Pas de pitié pour le laisser-aller, il est souvent congénital.

Gurdull
C'est noté, je les pousserai sans sommation, Majousté. En attendant, je peux si vous le souhaiter rapiécer l'étoffe endommagée.

Goldo II
Non. J'ai une couturière, elle le fera.

Gurdull
Du bas des remparts, je crains qu'elle ne soit pas en état de rapiécer.

Goldo II
Que fait-elle au bas des remparts, cette catin ?

Gurdull
Vous m'avez ordonné de la jeter du haut des remparts. Logiquement, elle devrait atterrir au bas de remparts et ceci dans un triste état.

Goldo II
Dans ce cas, jetez-là du bas des remparts, ça devrait être moins éprouvant.

Gurdull
Bien, Majousté et pour les membres de sa famille, vous préconisez le même traitement.

Goldo II
Non, je maintiens le haut des remparts pour ces loqueteux.

Gurdull
Bien, Majousté, qu'il soit fait selon votre volonté.

Goldo II
Gurdull, vous pensez qu'ils vont souffrir ?

Gurdull
Je le crains, Majousté.

Goldo II
Les pauvres…Ne les poussez pas trop fort. Ne les poussez pas du tout d'ailleurs. Qu'ils se jettent seuls ; ils ne pourront s'en prendre qu'à eux-mêmes. Et puis, je n'y suis pour rien s'il y a des hauts et des bas, l'Histoire ne pourra me le reprocher.

Gurdull
Quels reproches pourrait-on faire à votre Majousté ?

Goldo
Croyez-moi, ils en trouvent toujours. Il faut bien quelqu'un pour assumer. Enfin, trêve de balivernes, il serait peut-

être temps de réunir le conseil des ministres.

Gurdull
Vous me demandiez à la page 12 d'annuler tous vos rendez-vous.

Goldo II
Depuis, j'ai tourné une ou deux pages et je souhaite honorer l'ensemble de mes impériales obligations.

Gurdull
Rien ne vous y oblige.

Goldo II
Ecoutez, Gurdull, vous devenez gonflant pour ne pas dire emmerdant ! Je vous demande de convoquer le conseil des Ministres, faites. Inutile de pérorer jusqu'à la saint Berluche !

Gurdull
Excusez-moi, Majousté, je voulais seulement vous ménager.

Goldo II
Me ménager ? Mais enfin, je me porte comme un charme. Ce matin, j'ai enfilé mes tongs sans transpirer.

Gurdull
Formidable, Majousté.

Goldo II
Par contre, Gurdull, vous, vous avez sale mine. Il faudrait peut-être envisager quelques vacances en bord de mer. Une bonne semaine de camping vous ferait le plus grand bien.

Gurdull
J'y songerai, Majousté.

Goldo II
Et ce conseil des ministres ? Quel est l'ordre du jour ?

Gurdull
L'extermination des tortues luths, la taxation des pollutions nocturnes,

l'auto-détermination des cons, l'inflation galopante, la récession hilarante…

Goldo II
Tout ceci m'afflige et m'ennuie. Vous ferez savoir aux ministres que je modifie l'ordre du jour in extremis pour cause de…de désordre intestinal. Nous étudierons, en premier lieu, l'organisation de la visite protocolaire de Dieu.

Gurdull
Dieu va nous rendre visite ?

Goldo II
Il accostera dans trois jours, Port du Levant, face au pressing.

Gurdull
Trois jours ? Mais il nous a fallu plus d'une année pour organiser la visite du Duc de Pouik Pouik.

Goldo II
J'ai bien tenté de modifier la date mais ils n'ont rien voulu savoir. Faites entrer les ministres.

*Gurdull ouvre la porte de la salle. Personne.*

Gurdull
Ecoutez Majousté, les ministres doivent être affairés. Aucun ne s'est présenté.

Goldo II
Encore ! Mais enfin, où sont-ils ?

Gurdull
Partout et nulle part.

Goldo II
Je m'en doutais. Fichtre !

Gurdull
A la rigueur, nous pourrions remplacer exceptionnellement le conseil des ministres par un conseil du ministre.

Goldo II
Un conseil du ministre ? Comme c'est original ! Vous êtes un génie, Gurdull ! A compter de ce jour, chaque beldune se tiendra le conseil du ministre. Vous informerez les ministres qu'en raison de l'abrogation du conseil des ministres, je les affecte à l'entretien des routes et des fosses septiques. Faites donc entrer le ministre...Un instant Gurdull, ma couronne n'est pas de travers ?

Gurdull
Non, votre nez, peut-être. Si vous pouviez le glisser de quelques millimètres sur la droite…Voilà, parfait.

*Gurdull devient ministre.*

Gurdull
Mes respects, Majousté, vous avez bien dormi ?

Goldo II
Oui, j'ai fixé la lune toute la nuit, ça occupe. Vous savez qu'elle est devenue triangulaire ?

Gurdull
Ah non, vous me l'apprenez. Très bien, Majousté, pour commencer, je propose que nous abordions le sort des boulangers qui se plaignent du prix de la farine.

Goldo II
Pourquoi s'en plaignent-ils ?

Gurdull
Les moissons n'ont pas été très bonnes, la valeur du blé a augmenté et avec elle celle de la farine.

Goldo II
On leur demande de faire du pain, pas d'acheter de la farine. S'ils consacraient moins de temps à faire du shopping, ils auraient les bourses plus fournies. A

compter de ce jour, j'ajoute un article à notre code des bons usages, notez :
En ce 12 Juquin, le roi Goldo II ordonne que l'activité des boulangers se limitera exclusivement à la fabrication du pain. Il leur sera interdit d'acheter de la farine ou de la graisse de phoque. Les meuniers qui seront surpris à vendre de la farine à un boulanger recevront immédiatement une gifle, deux si ce sont des récidivistes, trois si… si…S'il pleut. Voici une question réglée n'est-ce pas ? Ensuite.

Gurdull
Les habitants de Guelbon sur Fez se plaignent des nuisances sonores occasionnées par le retour des grues cendrées dans le marais de Fidwickwick.

Goldo II
Il y a des grues cendrées dans le marais de Fidwickwick ?

Gurdull
Oui Majousté.

Goldo II
Mais pourquoi personne ne m'en a informé ?

Gurdull
Euh…Certainement un oubli…

Goldo II
Un oubli ? Des grues cendrées se baignent dans les eaux saumâtres du marais de Fidwickwick et l'on oublie de m'en informer ? Vous savez Gurdull ce que du bout de ce doigt, je viens de rencontrer au détour de ma pommette ?

Gurdull
Non, Majousté.

Goldo II
Une larme. Parfaitement, c'est bien une larme qui maintenant glisse mollement le long de ma lunule. Elle me renvoie le

visage d'un homme affecté dont les quelques rides dessinent une forêt désolée où seul, une corneille aphone s'éreinte à vouloir chanter. Mais qui est cet homme qui se tapit à l'ombre des sourires? Est-ce Jean du Gué ? Fils de bûcheron, élevé sur les hauts plateaux de Girafour. Mais non, ce n'est pas Jean du Gué car Jean du Gué a le nez ciselé depuis qu'en tiraillant sur sa fourache, il a blessé d'un coup de lame la chair de son porte-narines. Est-ce Tripoulo l'Ancien ? Elevé au grade de Maréchal au retour de la bataille de Davondripp. Mais non, ce n'est pas Tripoulo l'Ancien car Tripoulo l'Ancien s'est délesté d'un œil en accostant au plus près d'une large pointe effilée. Est-ce Suzanne de Fortnoox ? Diva sur qui le rideau ne put jamais tomber. Mais non, ce n'est pas Suzanne de Fortnoox car Suzanne de Fortnoox porte une mouche au coin des lèvres pour se protéger des baisers envolés. Est-ce Goldo II ? Empereur et souverain du Tout et du reste, Roi de

Goldésie et de ses colonies. Mais non, ce n'est pas Goldo II car Goldo II porte à jamais le masque de la puissance gravé des insignes de la prépotence. Est-ce un malheureux trahi par le bonheur si prompt à désarmer les vainqueurs ? Mais oui, c'est un malheureux car en ce matin du 12 Juquin, on a tout simplement oublié de lui dire que les grues cendrées peuplaient à nouveau les rivages de l'étang de Fidwickwick et il n'est plus que le reflet d'une larme.

*Un temps.*

Gurdull
Croyez Majousté que je ferai comparaître devant le tribunal super sévère les responsables de cette forfaiture.

Goldo II
Non, point de tribunal ! Le reflet se trouble au moment où cette larme s'évanouie aux abords de mon

articulation interphalangienne distale. Alors, je pointe ce doigt asséché et j'accuse ! Oui, j'accuse ! Car je suis seul juge en cette contrée ! Le seul ! Mes doigts se regroupent et forment un poing qui s'écrase sur la pitié et l'humanité. Je vous hais ! Mes poings s'unissent pour tirer de son fourreau l'épée qui tranchera toutes les têtes de la désinformation. Cette épée qui est mon seul tribunal rendra la Justice dans un bouillon d'entrailles ! Mais Gurdull, où donc est mon épée ?

Gurdull
Nous avons été obligés de nous en séparer momentanément, Majousté, pour que votre palais ne soit pas plongé dans l'obscurité. Les huissiers se faisaient pressants.

Goldo II
A ce propos, une ampoule dysfonctionne dans le corridor. J'ai failli

rater une marche, cette nuit, en allant pisser.

Gurdull
C'est noté, je ferai le nécessaire. Tenez, dans l'attente de récupérer votre lame, je vous ai confectionné un facsimilé. Vous ne pouvez, Majousté, parader fourreau vide.

*Il tend à Goldo II une épée en bois.*

Goldo II
Cette lame a fière allure et son tranchant est à la hauteur de mes ambitions. Mais quel est donc cet alliage ? Cette arme est si légère et si prompte à soulager mes poignets doulants.

Gurdull
Je l'ai taillée dans une branche de noisetier et j'ai recouvert le pommeau d'une chaussette de la plus belle étoffe.

Goldo II
Du noisetier, une noble essence celle de Krikri, le Dieu écureuil. J'entends déjà aux frontières de l'Empire ruisseler la terreur de mes ennemis quand ils me sauront si bien armé. Regarde comme je pare et je contre…Je retrouve la vigueur de mes 20 ans ! *Il fait quelques gestes mais parait gêné par quelques douleurs. Un temps*
J'aurais dû interdire au temps de passer. Il est trop tard.
Epée ! Par le pouvoir de Saint Talmouk, je te baptise Monique. Ensemble, nous tapisserons l'Univers du sang des insoumis et des aphasiques. Mon cher ministre, passons à la question essentielle : la visite de Dieu. Entre nous, je m'en serai bien passé !

Gurdull
Je vous propose de le loger à l'hôtel de la Poste. Ils proposent des formules très intéressantes.

Goldo II
Je me dois de recevoir Dieu dans une demeure princière. Ma datcha de Kriansk sera parfaite.

Gurdull
Je vous rappelle, Majousté, que votre Datcha a été emportée par la tempête. Il n'en reste qu'une baignoire et un grille-pain.

Goldo II
Oh mince ! Je crois savoir que Dieu déteste les toasts…Et le manoir de Wistle ?

Gurdull
Vendu à un armateur albanais.

Goldo II
Et je suppose que mon igloo sur la côte pré-baltique a fondu.

Gurdull
Vous supposez bien, Majousté.

Goldo II
Dans ce cas, réservez donc une suite à l'hôtel de la Poste, avec petit déjeuner inclus, évidemment. Ce n'est que Dieu après tout, on ne va pas se mettre la roupette en cache-prunette !

Gurdull
Pour le programme des festivités, je vous propose d'organiser une visite du crématorium de Fitzhein et un thé glacé sur votre terrasse, en fin de journée.

Goldo II
S'il pleut ?

Gurdull
On rentrera la terrasse.

Goldo II
Parfait. Je vous fais entièrement confiance. Je sais que vous saurez, mon cher ministre, rendre cette visite inoubliable. Sur ce, la séance est levée.

Gurdull
Bien, Majousté.

Goldo II
Si vous croisez Gurdull, dites-lui de faire quérir ma coiffeuse, en particulier ses mains.

Gurdull
Bien, Majousté, la coiffeuse et ses mains.

*Gurdull, ministre, sort.*
*Goldo vérifie qu'il bien seul, sort un paquet de chips de son pantalon. Il avale ce qu'il en reste.*
*Entre Gurdull, sous les traits d'Gurdull, la coiffeuse.*

Gurdull
Monsieur m'a fait appeler.

Goldo II
Qui êtes-vous ?

Gurdull
Votre nouvelle coiffeuse. Je m'appelle…Olga.

Goldo II
Mais où est Krysta ?

Gurdull
Elle a posé une semaine de RTT pour passer quelques jours auprès de sa mère souffrante pour ainsi dire mourante.

Goldo II
Et mes cheveux dans tout ça ? A-t-elle seulement pensé à mes cheveux ?

Gurdull
Rassurez-vous, Majousté, je suis une coiffeuse de renommée internationale. J'ai coiffé d'illustres personnalités qui jamais ne sont plaints de mes ciseaux.

Goldo II
D'illustres personnalités, vous dites ?

Gurdull
Le Vizir de Yourchtam,
la baronnesse de Vigouig, l'archevêque de Billemström.

Goldo II
Mais qu'ai-je à voir avec ces sombres baladins ? Savez-vous seulement à qui vous vous adressez, mademoiselle ?

Gurdull
Goldo II, l'empereur de tout et du reste.

Goldo II
Empereur de tout et du reste, c'est bien ça. La seule illustre personnalité que compte ce monde est devant vous ou, derrière vous, s'il vous prenait l'idée de vous retourner.

Gurdull
Evidemment, rien n'est plus illustre que vous, Majousté, de face ou de dos.

Goldo II
Vous n'avez donc jamais coiffé une illustre personnalité, n'est-ce pas ?

Gurdull
Oh non ! Rien que de simples mortels voire des tétraplégiques. Et un vieux cousin, garde-barrière à la Roche Mougère.

Goldo II
Un brave homme, j'imagine.

Gurdull
Assurément.

Goldo II
Il a levé et baissé des barrières toute sa vie, un homme heureux. Il levait la barrière, il attendait et il la baissait. Il attendait puis il la levait à nouveau. Comme je l'envie. *Un temps* Vous avez entendu ?

Gurdull
Quoi donc Majousté ?

Goldo II
Peu importe puisque vous n'avez pas entendu. Je suppose que vous n'êtes pas follement amoureuse de moi ?

Gurdull
C'est-à-dire…

Goldo II
Vous me trouvez quelconque, dénué de charme, peut-être laid, certainement inintéressant.

Gurdull
Absolument pas, Majousté, vous êtes…

Goldo II
N'ajoutez rien, vous allez mentir. Vous ne pouvez rien pour mes cheveux. Disparaissez !

Gurdull
Même pas un petit coup de peigne ?

Goldo II
Non, disparaissez, je vous dis. On ne peut me coiffer qu'avec amour, j'ai les cheveux sensibles.

*Magda, la reine, sera entrée avec une valise et un bébé dans les bras.*
*En l'apercevant, Gurdull se fait héraut.*

Gurdull
Sa Majousté, la Reine Magda !

Goldo II
Ma bien aimée, déjà levée ?

Magda
Enfin ! Vous voulez dire…Vous avez ronflé toute la nuit.

Goldo II
Comme je m'en veux, vous devez être éreintée. Asseyez-vous, je vous en prie. Qu'on fasse apporter un tabouret pour la reine !

Magda
Non, je resterai debout. De toute façon, je ne fais que passer.

Goldo II
C'est bien ça le problème, on ne fait que passer. Comment va mon héritier ?

Magda
Il n'aura fait que passer. Il est mort, cette nuit.

Goldo II
Déjà ?

Magda
C'est un point de vue. Enfin! En est un autre.

Goldo II
Je suis triste.

Magda
Et maintenant ?

Goldo II
Je le suis un peu moins.

Magda
Et maintenant ?

Goldo II
Beaucoup moins triste.

Magda
Bientôt, vous ne le serez plus du tout.

Goldo II
C'est quand bientôt ?

Magda
Voyons, c'est toujours, bientôt. C'est jamais.

Goldo II
A-t-il souffert ?

Magda
Il est mort dans son sommeil, transi de froid. Si je lui avais passé ma couverture, c'est moi qui serais morte, à cette heure.

Goldo II
La chaudière est en panne et l'hiver en avance.

Magda
N'accusez pas l'hiver, je vous en prie !
La chaudière pour fonctionner a besoin de gaz et du gaz il n'y en a plus ! Les vannes ont été coupées.

Goldo II
Gurdull !

Gurdull
Oui, Majousté.

Goldo II
Ma mie m'apprend à l'instant que le gaz ne nous parvient plus.

Gurdull
En effet. Certainement un problème technique.

Goldo II
Un problème technique ? Un problème technique qui a couté la vie à mon unique héritier.

Gurdull
Vous m'en voyez désolé, Majousté.

Goldo II
N'est-ce pas à vous à veiller au bon fonctionnement des installations de ce palais ?

Gurdull
Si certainement, Majousté.

Goldo II
Pour cette fois, vous échapperez à l'échafaud en souvenir des loyaux services que vous avez rendus à Patrick.

Gurdull
Vous êtes la bonté même, Majousté.

Magda
Si vous pouviez me débarrasser de ce fardeau, j'ai les bras anéantis. Il ne pèse rien et pourtant, il est si lourd.

Gurdull
Bien sûr, Majousté. Désirez-vous que je l'enterre sous le magnolia au côté de Basile le Gros Pédé, votre père ?

Goldo II
Enterré un Prince sous un magnolia au côté de Basile le Gros Pédé ? Mais vous avez perdu tout sens du protocole, Gurdull ! Votre penchant pour l'absinthe est entrain de vous perdre ! Nous bâtirons un mausolée sur les rives

du Dozaryx et c'est là qu'il reposera bercé par les chants des sœurs Yemnites de Guelostora.

Magda
Mais qui se chargera de bâtir ce mausolée ?

Goldo II
Un bâtisseur de mausolée.

Magda
Mais enfin, il n'y a plus un seul bâtisseur dans votre Empire. Ils ont fui par les mers comme les cordonniers, d'ailleurs. Regardez l'état de mes escarpins !

Goldo II
Gurdull, mon épousée dit vrai ?

Gurdull
Il ne restait qu'un artisan et il a disparu, hier soir, entre deux tartines. Mais rassurez-vous, j'ai quelques notions de

maçonnerie et je pourrai, sans difficulté, ériger un mausolée de toute beauté à la gloire du défunt Prince.

Magda
Et mes semelles ?

Gurdull
Je devrais pouvoir les réparer, Majousté.

Goldo II
Quelle chance de disposer d'un personnel polyvalent ! Mon cher Gurdull, je vous élève au grade de Chevalier de l'ordre des… des…

Gurdull
Des Gravelouks ?

Goldo II
Oh non, ça ne sonne pas bien…Ordre des Gravelouks…Non vraiment, c'est disgracieux.

Gurdull
Des Emirades, peut-être.

Goldo II
Non, je veux quelque chose qui sonne, qui suinte, qui susurre, qui suspend son envol en de sourdes assonances suspectes mais soliges.

Magda
Oh la barbe ! Mes semelles sont décollées et vous vous perdez dans des débats sans fin et des allitérations merdiques ! C'est affligeant.

Goldo II
Sa Majousté a raison, Gurdull ! Assez de bavardages ! Je ne vous élève plus, cela finirait par vous monter à la tête. La plèbe reste la plèbe sinon sur quoi marcher ? Mais, le paysage a disparu ! Regardez, le paysage a disparu ! A quoi bon disposer d'une terrasse de 80 m²

plein sud si elle ne donne pas sur un charmant paysage ?

Gurdull
Croyez, Majousté, que rien ne laissait présager une telle disparition.

Magda
Je vous en prie, Gurdull ! Tout disparait, pourquoi pas le paysage ? D'ailleurs, moi aussi, je vais disparaître. Je vous quitte, Majousté. Ma valise est prête, qu'on me conduise à la gare la plus proche.

Gurdull
Je peux vous conduire à la gare sur mon porte-bagages mais j'ai bien peur que cela soit inutile, les rails ont été volés la semaine dernière. Il n'en reste qu'un.

Magda
Et je suppose qu'un train ne peut pas se satisfaire d'un rail ?

Gurdull

Vous supposez bien, Majousté. Mais je crois qu'il reste à la cave une montgolfière pliée dans un carton. Si vous me laissez le temps…

Magda

Du temps, je n'en ai pas Gurdull ! Je n'en ai plus, je ne sais pas où je l'ai posé. A la rigueur, je veux bien patienter quelques minutes en mémoire des déportés de Varsovie mais, rien de plus.

Gurdull

Cela devrait suffire, la nacelle est déjà montée, il ne me reste qu'à gonfler le ballon.

Magda

Qu'attendez-vous pour le gonfler ?

Gurdull

J'y cours, Majousté.

*Il sort.*

Magda
Quel nigaud ! Je me demande pourquoi vous gardez à votre service cet incompétent ? Aucun esprit d'initiative, une insolence à peine feinte, une hygiène plus que douteuse, une dysmétrie faciale congénitale. La vie manque de discernement, elle prend des formes inconcevables.

Goldo II
Vous ne m'aimez plus, Magda ?

Magda
Je ne vous ai jamais aimé. Vous fûtes une agréable compagnie, rien de plus.

Goldo II
Moi, je vous aime.

Magda
Vous avez raison, ça occupe. L'oisiveté est mère de souffrance, une vraie peste !

Goldo II
Moi, c'est votre valise qui me fait souffrir.

Magda
Désolé, c'est la seule qui me restait. J'ai dû la cacher sous l'évier.

Goldo II
Je vous parle d'amour, Magda. Dans cette valise, vous avez rangé mon cœur brisé.

Magda
Certainement pas ! J'ai eu, à peine, la place d'y glisser ma gaine et mon paréo en poils de yack. Alors un cœur brisé, jamais de la vie.

Goldo II
Pourtant, il est plus aisé de ranger un cœur en morceaux.

Magda
A quoi bon garder un cœur en morceaux ? Sa place est à la poubelle. Inutile de s'encombrer !

Goldo II
Quelle poubelle ?

Magda
Comment ça quelle poubelle ? Le cœur n'a pas de couleur. A la rigueur, la bleue, c'est un morceau de viande, après tout.

Goldo II
Oh non ! Je ne veux pas que mon cœur finisse au milieu des restes de béchamel ou de rognons de veau. Non, la jaune me semble plus adaptée.

Magda
Un cœur au milieu des plastiques et des cartons ?

Goldo II
Pourquoi pas ? Je me rends compte qu'il est difficile de parler l'amour. Je me débrouille en gaëlique. J'ai quelques notions d'anglou mais l'amour…

Magda
Il suffit de se taire. L'amour n'a pas de mots. Tous ces écrivaillons qui en ont fait des poèmes auraient mieux fait d'organiser une raclette party.

Goldo II
Si je me tais, vous allez partir.

Magda
C'est ça l'amour. On se tait et on part.

Goldo II
Non, moi, je reste.

Magda
Absolument pas. Si je pars, vous partez. Si vous restiez, je ne partirai pas. Pourquoi partir si vous restez ?

Goldo II
Je ne vous comprends pas, ma douce.

Magda
Vous ne comprenez jamais rien ! C'est épuisant, à la fin ! Vous m'encombrez, je ne sais plus quoi faire de vous. Hier, je pouvais encore me consoler en regardant le paysage mais il n'y a même plus de paysage !

Goldo II
Regardez-moi.

Magda
Mais je ne peux plus vous regarder ! Vous me tombez des yeux et puis, je ne sais comment vous regarder, par où commencer ? Par où finir ?

Goldo II
Le plus simple est de commencer par mon front. Vous regardez mon front et,

doucement, vous descendez vers mes genoux, en passant par mon nombril.

Magda
N'insistez pas, épargnez mes regards, je vous en prie.

Goldo II
Oubliez-vous le serment que vous m'avez fait au temple d'Alzigour ?

Magda
J'étais jeune, j'avais une entorse.

Goldo II
Un claquage, pas une entorse.

Magda
Le médecin de la couronne était indécis : entorse, claquage, élongation…Il n'a jamais statué.

Goldo II
Vous vous cramponniez à mon épaule pour marcher. Si vous me quittez, vous

n'aurez plus une épaule pour vous soutenir.

Magda
Détrompez-vous, j'ai déjà envoyé quelques CV…Le Duc de Sarezi m'a proposé un rendez-vous.

Goldo II
Le Duc de Sarezi ? Mais savez-vous au moins ce que l'on colporte à son sujet ?

Magda
On n'est prêt à tous les sacrifices lorsqu'on a un seul bas pour couvrir deux jambes.

Goldo II
Mais enfin, je n'y suis pour rien si vous avez deux jambes !

Magda
Voilà, encore une fois, vous fuyez devant vos responsabilités.

Goldo II
Et si je vous disais que je suis au désespoir de vous voir partir.

Magda II
Je vous répondrais qu'on ne voit bien qu'avec de bons verres.

Goldo II
Et si je vous disais cacahuète.

Magda
Je vous répondrais : là, dans l'assiette. Adieu.

Goldo II *sortant Monique de son fourreau*
Il n'y a donc que ma lame pour vous arrêter.

Magda
Votre lame ? Votre lame est au mont de piétée. Ce n'est qu'un rameau d'olivier que vous brandissez !

Goldo II
Faux ! Une branche de noisetier finement aiguisée.

Magda
Un cure-dent, en définitive.

Goldo II
Monique, un cure-dent ? Lorsqu'elle aura perforé votre abdomen, vous vous montrerez plus respectueuse.

Magda
Faites.

Goldo II
Comment ça, faites ?

Magda
Perforez donc mon abdomen.

Goldo II
Ne me tentez pas, vous pourriez le regretter.

Magda
Cessez de gesticuler, agissez ! Je vais même dénuder mon bas-ventre pour vous rendre la tâche plus aisée.

Goldo II *s'approchant de Magda*
Vous allez saigner, j'imagine.

Magda
Certainement.

Goldo II
Essayez de ne pas trop vous répandre, la vue du sang ne me réussit guère. Ici, ça devrait être parfait ?

Magda
Non, je préfère sur la droite.

Goldo II
Si vous remuez de la sorte, je ne pourrai vous trancher net.

Magda
Excusez-moi, ça chatouille.

*Entre Gurdull*

Gurdull
La montgolfière de sa Majousté est fin prête !

Goldo II
Mais enfin, Gurdull, vous interrompez une opération complexe. *Apercevant une goutte de sang* Une goutte de sang, c'est affreux ! Non, j'ajourne cette perforation consentie. Conduisez sa Majousté au cachot.

Gurdull
La Reine Magda ?

Magda
Mon cher Gurdull, pouvez-vous rappeler à sa Majousté du tout comme du reste que les cachots sont inaccessibles depuis les inondations de 36.

Gurdull
En effet, Majousté, nous avons été contraints de les murer.

Goldo II
C'est insensé ! Un Roi a besoin de cachots pour gouverner.

Gurdull
A la rigueur, je peux tenter de réparer la porte de l'impérial poulailler.

Magda
Hors de question que je croupisse dans un poulailler !

Goldo II
Gurdull, vous perdez la raison ! Ma tendre Magda dans un poulailler et pourquoi pas dans un clapier ou un couteau à huitres ?

Gurdull
Je ne faisais, Majousté, que proposer une alternative au cachot.

Goldo II
Cessez d'alternativer Gurdull, cela devient grotesque. Si les cachots ont été murés, une bonne charge d'explosifs et ils seront à nouveau accessibles. Que faites-vous, Majousté ?

Magda
Je tente de fuir.

Goldo II
Ah non ! La situation est déjà fort complexe. Vous fuirez plus tard !

Magda
Voilà ! Toujours là pour contrarier mes saines aspirations. Je ne suis qu'une femme opprimée ! Certes, sur les champs de bataille ruisselle, avec fracas, le sang des fils mais c'est sur un champs de rocailles que s'écoule, en silence, celui des filles !

Goldo II
Ma douce, vous êtes bien injuste. J'ai beaucoup fait pour votre sexe.

Magda
Ah oui ?

Gurdull
Si je puis me permettre, Majousté, je vous suggérerai de laisser votre épouse s'enfuir. Ceci pourrait résoudre le problème des cachots. A la rigueur, condamnez-la à l'exil.

Magda
Quelle bonne idée ! Condamnez-moi à l'exil ! Oh oui, un terrible exil !

Gurdull
Après tout, Majousté, le monde n'est qu'un vaste cachot. Exil, cachot, même combat.

Goldo II
Un instant, je médite.

*Un temps*

Magda
Vous avez bientôt terminé, mon ami ?

*Un temps*

Magda
Ecoutez, j'ai une journée très chargée donc si vous pouviez remettre à plus tard votre méditation, ce serait fort sympathique de votre part. Sans compter que votre fidèle Gurdull se fait terriblement chier. N'est-ce pas Gurdull ?

Gurdull
Désolé de vous contredire, Majousté, mais je passe un moment agréable pour ne pas dire crêpe Suzette.

Magda
Un moment crêpe Suzette, n'exagérons rien ! Vous ne cherchez qu'à flatter

votre souverain, espèce de crasse ! Immonde trace !

Goldo II
Ma décision est prise. Magda, fille du grand Leirins et de ses amis, je rejette votre demande d'exil. Vous serez décapité sur la place publique, je préfère vous savoir en deux parties que partie.

Magda
Oh non !

Gurdull
Majousté, je pense pouvoir réparer la guillotine mais le bourreau a pris une année sabbatique.

Goldo II
Lui aussi ?

Magda
Ma suivante allaite des porcins dans le Mexin. Mon habilleuse vend des désodorisants sur le marché de

Tévelard. Mon esthéticienne vend son corps sur les trottoirs de Bérichour. Ma coach mentale s'est immolée avec ses trois amants. Mon guide de haute montagne a perdu l'usage de son index droit et suit un stage de rééducation dans le Morvan. Ma…

Goldo II
Faites la taire Gurdull !

Gurdull *levant le doigt*
Sa Majousté vous demande de faire silence.

Magda
Dites-lui qu'on ne peut faire taire la vérité.

Gurdull
Majousté, sa seigneurie me fait vous dire que l'on ne peut faire taire la vérité.

Goldo II
Elle se met un doigt dans le cul ! Cela fait une éternité que je la muselle, il faut bien vivre.

Gurdull
Majousté, votre empereur déclare que vous vous mettez un doigt dans…l'anus car il tait la vérité depuis toujours.

Magda
Faites-lui savoir que jamais, je ne me suis mis un doigt dans l'anus et ceci est pure vérité !

Gurdull
Majousté, sa seigneurie déclare ne s'être…

Goldo II
Baste ! Si notre bourreau s'est absenté, contactez une société d'intérim.

Gurdull
J'y ai bien songé, Majousté, mais toutes les sociétés d'intérim ont fait faillite, le marché de l'emploi est en souffrance.

Magda
Je crois avoir été assez patiente. Pas de cachot, pas de bourreau, pas de rototos…Je n'en puis plus, j'y vais !

Goldo II
Mais enfin Gurdull, réagissez ! L'Impératrice tente de s'enfuir.

Gurdull
Majousté, vous n'êtes pas autorisée à quitter le palais.

Magda
Et qui m'en empêchera ?

Gurdull
Qui l'en empêchera, Majousté ?

Goldo II
Vous !

Gurdull
Moi.

Magda
Vous, mon cher Gurdull ?? Vous allez me pincer ? Me tirer les cheveux ? Me griffer ? Me griffouner ? Mais regardez-vous ! Au moment où vous poserez la main sur moi, je vous aurai déjà retourné une mandale à vous déboiter la gueule. Laissez-moi passer et cessez vos enfantillages.

Goldo II
Mais appelez des renforts Gurdull ! Ne la laissez pas vous échapper !

*Gurdull tente d'agripper Magda mais cette dernière le rejette, il chute.*

Magda
Je vous avais prévenu.

Goldo II
Infâme créature ! A moi, tu ne m'échapperas pas !

Magda
Mais tout vous échappe, tout ! Bye, bye, my dear !

*Elle sort, entre Maître Gaylord, huissier de Justice.*

Gaylord
Excusez-moi, je suis bien au domicile de Jean Félix Delogne ?

Goldo II
Vous tombez mal, je dois me lancer à la poursuite d'une fuyarde.

Gaylord
Je ne serai pas long.

Goldo II
Moi non plus. Voyez avec mon ministre, il a réponse à tout et à tata Touta.

*Il sort.*

Gaylord *à Gurdull toujours au sol*
Tout va bien ?

Gurdull
Oui…C'est pour quoi ?

Gaylord
Maître Gaylord, huissier de Justice, je dois remettre une assignation mandatée par la UPH Bank à Jean Félix Delogne.

Gurdull
Oui…Un instant…

Gaylord
Vous avez fait un malaise ?

Gurdull
Non, j'ai glissé sur un sboube.

Gaylord
Ces satanés sboubes ! Il y en a partout, cette année. Hier, j'en ai trouvé un au fond de ma théière !

Gurdull
Au fond de votre théière, c'est terrible. Vous êtes huissier, dites-vous ?

Gaylord
Parfaitement, maître Gaylord. Comme je vous disais, je suis mandaté par UPH Bank pour vous transmettre une assignation à comparaître devant le tribunal de proximité en vue d'une saisie du palais, de ses dépendances et de l'ensemble de l'Empire afin d'organiser une vente aux enchères.

Gurdull
Une vente aux enchères ? Mais enfin, il s'agit des biens de Goldo II, Roi et Empereur du tout et du reste.

Gaylord
Goldo II ? Moi, je n'ai pas ce nom là.

Gurdull
Mais on ne peut pas mettre aux enchères un Empire.

Gaylord
Vous savez, aujourd'hui, on met aux enchères tout et n'importe quoi. Pas plus tard que la semaine dernière, j'ai assisté à la vente aux enchères d'une tumeur maligne, la débitrice n'avait plus que ça…Alors pourquoi pas un Empire ?

Gurdull
Ecoutez, je vais contacter UPH Bank, ils doivent faire erreur.

Gaylord
Une très grosse erreur alors. Ils réclament à M. Delogne la somme de 617 800 001 bougnasses. Vous pouvez toujours les contacter mais, à moins que

vous ayez quelques bougnasses à leur proposer, j'ai bien peur que vous perdiez votre temps. Je vois que la saisie des meubles a déjà eu lieu, ça de moins à déménager.

*Entre Goldo II*

Goldo II
Elle m'a échappé ! C'est de votre faute tout ça ! Vous mettre en travers de ma route lors d'un assaut capital !

Gaylord
Je suis désolé.

Goldo II
Gurdull ! Envoyez immédiatement un message à tous nos postes frontière : le douanier qui interceptera la Reine recevra une majoration de 5 non 10% de sa prime de Noël et ceci à vie, à condition qu'il meurt très vite.

Gurdull
Bien Majousté.

Gaylord
Ecoutez, je ne voudrais pas me mêler de ce qui ne me regarde pas, mais vos postes de douane sont totalement déserts. J'ai traversé vos frontières sans jamais être inquiété. Votre empire, une vraie passoire.

Gurdull
Ils étaient en pause, certainement.

Goldo II
Mais oui, en pause ! Le code du travail est très clair à ce sujet : tout employé doit disposer d'un temps de repos proportionnel aux heures travaillées.
Bien entendu Gurdull, tant que mon épousée n'est pas enchainée, toute pause est proscrite.

Gurdull
Bien, Majousté.

Gaylord
Ecoutez, j'ai quelqu'autres affaires à instruire alors si vous pouviez apposer votre signature M. Delogne.

Goldo II
M. Delogne ?

Gaylord
C'est bien votre nom, non ?

Goldo II
Savez-vous que je pourrais vous faire écarteler pour un tel affront ? Ou jeter vivant dans une mare infestée de moustiques ?

Gaylord
Je n'ai pas voulu vous offenser Majousté…C'est le nom qui est inscrit sur votre comparution, c'est le nom que mes mandataires ont fourni, je ne suis qu'un officier de justice.

Goldo II
Et bien vous informerez toute cette bande d'attardés que depuis le 3 Durbouze 2223, M. Delogne s'est coiffé d'une couronne et depuis ce jour, il se fait appeler Goldo II, Roi et Empereur du tout et du reste…Gurdull, mon ventre me rappelle que je n'ai point eu de petit déjeuner ?

Gurdull
En effet Majousté…Je file immédiatement aux cuisines.

Goldo II
Raccompagnez ce manant avant que Monique ne le pourfende.

Gaylord
Je me permets d'insister, j'ai besoin de votre signature Monsieur…Goldo II

Goldo II
Rapprochez-vous de mon attaché de presse, elle vous enverra des photos dédicacées.

Gaylord
Je pense que je ne me suis pas bien fait comprendre…

Goldo II
Gurdull ! Mais par Jean-François, ou peut-il être ?

Gaylord
Vous lui avez demandé d'aller vous chercher quelque chose à manger.

Goldo II
Ce n'est pas au Ministre d'aller aux cuisines mais aux cuisines d'aller au Ministre. Il faut que je remette de l'ordre dans ce palais, dès demain inspection générale des services. Quelle heure est-il ?

Gaylord
Comme d'habitude, midi pile.

Goldo II
Ecoutez…*silence*…Etes-vous sûr qu'il est midi?

Gaylord
Parfaitement sûr.

Goldo II
Mais alors ils devraient tous hennir, comme un seul homme. Et vous d'ailleurs, pourquoi n'hennissez-vous pas ?

Gaylord
J'hennis rarement à vrai dire, pour tout dire jamais.

Goldo II
Et bien s'il est midi, il vous faut hennir, c'est un ordre de votre Empereur.

Gaylord
Pourquoi faudrait-il que j'hennisse ?

Goldo II
Ma plus belle Jument, Belle d'Iloise, est morte cette nuit et je veux que vous rendiez hommage et si je veux, nous voulons, telle est ma devise. Hennissez sur le champs !

Gaylord
Mais je ne sais pas hennir.

Goldo II *sort Monique de son fourreau*
Faut-il que j'aiguise vos cordes vocales pour cela ?!

Gaylord
Non…Je vais essayer…

*Il hennit piteusement. Silence solennel.*

Goldo II
C'est pour toi Belle d'Iloise que s'unissent à cette minute les voix de

mon peuple réunis pour chanter tes louanges par de là  les haras des confins. Que ces voix bercent les longues heures qu'il te reste à trotter au Royaume des défunts…Maintenant vous m'excusez, il faut que j'aille faire caca.

Gaylord
Ecoutez, pouvez-vous auparavant…

Goldo II
Rien ne passe avant le caca du Roi, rien !

*Il sort. Entre Gurdull avec un croûton de pain dans une assiette.*

Gurdull
Où est-il ?

Gaylord
Aux toilettes, caca oblige et il n'a toujours pas signé.

Gurdull
Il signera.

Gaylord
Sauf que je n'ai pas la journée ! Vous n'avez pas le monopole de la saisie et j'ai promis à ma fille de l'accompagner à son cours de flûte. En colère, elle est pire que sa mère surtout sous la pluie.

Gurdull
A la rigueur, je peux signer.

Gaylord
Faux et usage de faux ! Bravo, j'applaudis avec deux mains !

Gurdull
Mais enfin, je suis ministre de sa Majousté !

Gaylord
Je suis un officier de justice, intègre et assermenté. Que vous soyez Ministre ou grossiste en porcelaine, cela m'importe peu. Vous n'êtes pas le débiteur.

Gurdull
Sachez que sa Majousté est souvent constipé et qu'il peut rester un certain temps à la selle.

Gaylord
Tant pis, il passera à l'étude récupérer l'assignation.

Gurdull
Jamais, son agenda ne lui permettra.

Gaylord
Il ne se présentera donc pas au tribunal de proximité. Le juge ne manquera pas de lui en tenir rigueur. Après tout, ce n'est pas mon Empire, qu'il assume ! Bon écoutez, au plaisir…

*Entre Goldo II*

Goldo II
Gurdull !

Gurdull
Majousté.

Goldo II
Impossible de tirer la chasse d'eau. Aucune évacuation. J'ai beau tirer le goupillon, rien ! Et impossible de me laver les mains, plus une goutte au robinet.

Gaylord
Ne cherchez pas. Ils vous ont coupé l'eau. Encore une facture impayée.

Goldo II
Qu'est-ce qu'il raconte celui-là ?

Gurdull
Des foutaises ! Je vais régler le problème, certainement une erreur du fournisseur.

Goldo II
Et mon déjeuner ?

Gurdull
Ici.

Goldo II
Quel fumet…Qu'est-ce donc ?

Gurdull
Croûton de pain avec un filet d'huile d'olive.

Goldo II
Vous féliciterez mes cuisiniers, leur fantaisie n'a pas de limite.

Gaylord
Majousté, j'insiste mais pourriez-vous me signer ce formulaire ? Je ne peux pas attendre plus longtemps.

Goldo II
Mais enfin Gurdull, faites le taire, je mange.

Gurdull
Majousté, cela ne vous prendra que quelques secondes.

Goldo II
Tout le monde se ligue contre moi ! Et tant pis, si je mange froid ! Bon donnez-moi ça.

*Gaylord lui tend le formulaire.*

Goldo II
Mais où dois-je signer ?

Gaylord
Ici, Majousté.

Goldo II
Voilà.

Gaylord
Voici votre assignation. Un conseil : présentez-vous au tribunal ou faites-vous représenter. Profitez-en pour demander un dossier de surendettement.

Goldo II
Mais qu'est-ce qu'il raconte encore ?

Gurdull
Laissez Majousté, je vais m'en occuper.

Goldo II
Non. C'est une blague, n'est-ce pas ?

Gaylord
Rien de plus sérieux.

Goldo II
Gurdull, le tribunal de Galwoo veut saisir mon Empire et le vendre aux enchères.

Gurdull
Certainement une erreur, Majousté, je vais…

Gaylord
Désolé mais vos créanciers ne sont pas ouverts au dialogue. Vous réunissez la

somme due ou tout cela ne vous appartiendra plus dans quelques mois. A la rigueur le juge vous proposera un échelonnement. A votre place, je tenterai une vente à l'amiable.

Goldo II
Gurdull, est-ce un bouffon, un tartagnel ou un simple d'esprit ?

Gurdull
Je ne saurai dire, Majousté.

Goldo II
Ecoutez-moi bien, triple rien
Depuis le siège de Gourtamise, mes ancêtres règnent, sans partage,
sur ces terres, ces bois, ces étangs
ces pâtures, ces ordures, ces blés durs,
ces chemins, ces chenaux, ces ponts, ces autoponts, ces entrepôts, ces chimères,
ces puits, ces buis, ces vies, ces boites,
ces villes, ces villages, ces vilains, ces vélos, ces saints, ces dômes, ces tombes,
ces mers, ces pêchers, ces gommes, ces

brèches, ces crèches, ces creux, ces craies, ces cerfs, ces vers, ces plis, ces pluies, ces plaintes, ces plots, ces murs et tous les autres ces. Et de tout cela, vous pensez me priver ! Allez dire aux plaisantins qui n'ont que ces mots que ce Royaume n'est ni à saisir, ni à vendre. Et que je garderai, en mémoire, l'affront qu'ils me font lorsque mes archers seront postés à leur portée.
Quand à vous, disparaissez, ne tentez pas Monique, elle pourrait vous mettre en kit. Gurdull, raccompagnez ce pichetroneau de Pisterone !

Gurdull
Bien, Majousté.

Gaylord
Je vous en prie, ne bougez pas, j'ai su rentrer, je saurai sortir. Bon, Majousté, je vous souhaite, malgré tout, une bonne continuation. J'ai un voisin qui recherche quelqu'un pour promener son chien une à deux heures par jour, si ça

vous tente. Il y a mon numéro au dos de l'enveloppe.

*Apercevant un rat, Gaylord crie.*

Goldo II
Que se passe-t-il encore ?

Gaylord
Excusez-moi, j'ai vu un rat, juste là. Je ne supporte pas ça !

Goldo II
Un rat ??? Un rat dans la salle du trône !

Gaylord
Je vous promets. Il s'est faufilé par là.

Goldo II
Gurdull, jetez un œil. Je ne peux pas recevoir Dieu en présence d'un rat.

Gurdull
J'ai oublié de vous prévenir, Majousté, Dieu ne viendra pas, son bateau a coulé. Aucun survivant.

Goldo II
Dieu s'est noyé ?

Gurdull
Comme tout son équipage.

Goldo II
Comme c'est triste. Vous ferez envoyer des fleurs à ses proches.

Gaylord
Je vois sa queue. Quelle horreur !

Goldo II
Il dit vrai Gurdull ?

Gurdull
Mais non, Majousté. Jamais un rat ne s'est aventuré dans votre palais.

Gaylord
Il faut un commencement à tout.

Goldo II
Faites-le taire Gurdull ! Jetez-le aux alligators !

Gurdull
Je propose de le brûler vif. Vos alligators ont été décimés par une fièvre aphteuse. Il n'en reste qu'un et il est plutôt apathique voire apathoque.

Goldo II
A mon lever, j'apprends le trépas de Belle d'Iloise et après mon déjeuner, la disparition de mes alligatoridés. C'est un funeste jour que celui-ci ! Vous me ferez le plaisir de le supprimer du calendrier. Je ne veux plus jamais revivre une telle journée. Je déclare ce jour proscrit à jamais.

Gurdull
Très bien, Majousté. *à Gaylord* Vous, suivez-moi.

Gaylord
J'ai peur de vous décevoir, je brûle très mal. C'est congénital. Mon père en a terriblement souffert, ça l'a rendu dyslexique.

Goldo II
Et votre mère ?

Gaylord
Elle faisait des quatre-quarts, le dimanche.

Goldo II
Et le mercredi ?

Gaylord
Des restes de quatre-quarts.

Goldo II
Ma mère nous préparait de délicieuses crèmes à la pistache et, parfois, du pudding. Avec mon frère, on rentrait vite de l'école juste pour respirer la bonne odeur du four. On nous fait croire que c'était la vie, une mère qui prépare de bonnes crèmes pour ses enfants. Un mensonge, elle finit toujours par les brûler.

Gaylord
J'ai une proposition à faire. Je rentre chez moi, j'ouvre un sachet de poudre à délier et vous prépare de bonnes crèmes à la pistache. Au lever du jour, je vous les fais livrer.

Goldo II
Qu'en pensez-vous Gurdull ?

Gurdull
La proposition est alléchante mais peut-on faire confiance à un repris de justice ?

Gaylord
Evidemment ! Comment pouvez-vous en douter ?

Goldo II
J'ai envie de vous faire confiance. De toute façon, si vous ne tenez pas vos engagements, mes hommes infiltreront votre étude et vous feront subir les pires sévices. Maintenant, filez !

Gaylord
Je file, je file ! Bonne fin de journée, messieurs.

Goldo II
C'est d'une platitude ! Si vous n'avez que ça à dire, taisez-vous.

*Gaylord sort prestement.*

Goldo II
J'ai changé d'avis Gurdull, rattrapez-le.

Gurdull
Il traverse déjà le pont de Mallebranche, jamais je ne pourrai le rattraper, Majousté.

Goldo II
Gurdull, vous me décevez ! Autrefois, vous auriez bondi comme un gondrin et claquemuré ce derviche plus rapidement qu'il n'en faut pour se rincer l'orteil gauche. Il faudra envisager votre évolution professionnelle, mon cher Gurdull. Je ne peux conserver à mes côtés un collaborateur dont l'inaptitude à la course poursuite est manifeste. Si j'avais su que vous alliez vieillir, jamais je ne vous aurais intégré à mon équipe. Je déteste les vieux : ils sentent mauvais, ils sont ridés parfois défigurés et n'ont qu'un projet d'avenir : mourir ! C'est gonflant. Non vraiment, Gurdull, épargnez-moi votre vieillesse.

Gurdull
Je ferai de mon mieux Majousté.

Goldo II
Puisque vous êtes incapable de rattraper ce sale type, sonnez l'alerte et envoyez, à ses trousses, nos plus fins limiers parce que faire brûler vif un condamné absent, c'est compliqué voire impossible…
Voyons Gurdull…Qu'est-ce que vous attendez ? Sonnez voyons ! Sonnez !

Gurdull
Oui, j'y cours, Majousté.

Goldo II
C'est bon signe, un regain de jeunesse. Vous n'êtes pas totalement foutu, Gurdull.

*Gurdull sort.*
*Goldo s'avance lourdement vers la terrasse et observe, avec mélancolie, le vide.*

Gurdull
L'alerte est donnée, Majousté !

Goldo II
Ah oui ? Tout parait si calme.

Gurdull
Vos troupes ont préféré contourné le pic de Sandour et prendre le fugitif par surprise au détour du bois de Matoche.

Goldo II
Contourner le pic de Sandour, riche idée. Vous me rappellerez de gratifier ces jeunes hommes. Nous leur offrirons quelques chocolats, ils le méritent grandement. Gurdull, prévenez le Ministre que je convoque un Conseil du Ministre extraordinaire.

Gurdull
Quand Majousté ?

Goldo II
Immédiatement : l'avenir du Royaume est en péril.

Gurdull
J'en informe donc immédiatement le Ministre. *Il sort et revient* Majousté, vous m'avez fait mander.

Goldo II
Mon cher Ministre, on ne peut pas se secouer la quequette indéfiniment ! Il faut parfois se conduire en homme d'Etat et œuvrer pour la destin de ses administrés. Approchez !

Gurdull
Je vous écoute, Majousté.

Goldo II
Je vous informe qu'un grave péril guette notre Empire. Vous pourriez prendre un air ténébreusement interrogatif et lancer : Un grave péril ????

Gurdull
Vous avez raison, Majousté….

*ténébreusement interrogatif* Un grave péril ???

Goldo II
Parfaitement. Une puissance étrangère veut saisir mes Terres.

Gurdull
Mais quelle puissance ose spolier notre invincible Majousté ?

Goldo II
Ils ne méritent pas qu'on les nomme. Ce ne sont que des apothicaires de bougnasses ! *Un temps* Mon cher Ministre, où êtes-vous ?

Gurdull
Toujours à vos côtés, Majousté.

Goldo II
Non, c'est notre dernier conseil du Ministre.

Gurdull
Je ne comprends pas, Majousté.

Goldo II
C'est pourtant clair. C'est fini. Plus d'Empire, plus d'empereur, je démissionne, sans préavis.

Gurdull
Vous n'y pensez pas, Majousté. Que va devenir le tout et le reste ?

Goldo II
J'ai soif de rien. Je vais essayer de trouver une forêt, m'asseoir au pied d'un chêne et contempler. Oui, contempler ce qui me reste : des fougères, quelques ronces, le vent, une ou deux étoiles.

Gurdull
Ne laissez pas l'amertume et la déception contrôler vos actes, Majousté, souvenez-vous des heures joyeuses, des victoires, de demain.

Goldo II
William, je t'en prie, n'insiste pas. Trêve d'empire ! Ce ne sont que des foutaises ! On m'a saisi ma machine à laver, ma râpe à fromages, mes rêves, mes caleçons…Il ne me reste que des mots mais je ne sais plus qu'en faire. Je voudrais me taire, voilà simplement me taire. Finis les mots ! Laisser les choses pour ce qu'elles font. Laisser la maison aux fuites, aux fissures, aux rats. Je pourrais mourir, mais à quoi bon ? Même la mort m'ennuie. Tu te souviens, un jour, je m'étais caché juste là. Il y avait un confiturier. Tu jouais du piano.

Gurdull
Du violon. Le piano, c'était papa.

Goldo II
Je me souviens mal. Et toi, où vas-tu aller ?

Gurdull
Je vais te suivre.

Goldo II
Ah non ! Impossible, ils pourraient te saisir. Un frère est de grande valeurs sur le marché de la bougnasse. Je ne veux plus rien, rien de rien ! Même ces oripeaux, je vais les laisser derrière moi. Je m'assiérai nu au pied de mon chêne. Que dis-je ? Du chêne.

William
Je pourrai m'asseoir au pied d'un cyprès ou d'un platane.

Goldo II
Non. Deux frères assis sous un arbre, c'est suspect. Je ne veux plus rien perdre alors je ne garde rien. Avant de partir, une dernière chose, Gurdull.

Gurdull
Je vous écoute, Majesté.

Goldo II
Ne précipite pas les choses. Je ne suis encore qu'un simple trouvère balloté par le doute. Approche.
*Gurdull approche.*
Joue un air de trompette.

Gurdull
Sans trompette.

Goldo II
Prends cette trompette qui s'ennuie à tes pieds et joue quelques notes.

*Gurdull fait mine de ramasser une trompette et improvise un air.*

Goldo II *déclamant*
Moi, Goldo II, feu empereur du tout et du reste, en ce 6…

Gurdull
7, Majousté.

Goldo II
Déjà ? En ce 7 Beldune de l'an 34, je m'autoproclame : Empereur du rien et m'engage à servir jusqu'à la mort, tous les peuples y compris les Hommes.

*Un temps*

La couronne, Gurdull !

Gurdull
Pardon, Majousté.

*Gurdull fait mine de poser une couronne sur la tête de son frère.*

Goldo II
Un peu de musique, ce serait bien.

Gurdull
Bien sûr

*Gurdull improvise un nouvel air. En musique, Goldo II se lève et se déshabille lentement. Une fois nu, il sort avec majesté et s'arrête.*

Goldo II
Dis-moi, William, Isabelle a dit quelque chose en partant ?

William
Elle a marmonné quelque chose mais je n'ai pas compris.

*Goldo sort.*
*Gurdull joue de plus en plus tristement.*

*Silence.*
*Il ramasse les vêtements de son frère, prend la chaise. Le plateau est vide. Il sort.*

www.ingramcontent.com/pod-product-compliance
Lightning Source LLC
LaVergne TN
LVHW050602160826
845677LV00011B/2431

*9798374716986*